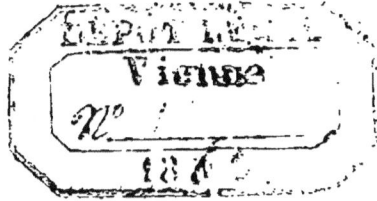

Y A-T-IL DES MIRACLES

ou

JÉSUS EST-IL DIEU?

Poitiers. — Typ. de A. Dupré.

Y A-T-IL DES MIRACLES

ou

JÉSUS EST-IL DIEU

EXAMEN CRITIQUE ET PHILOSOPHIQUE

D'UNE GUÉRISON AU TOMBEAU DE Ste RADÉGONDE

LE 29 SEPTEMBRE 1860

SUIVI D'UN MOT SUR LE SPIRITISME

PAR

M. ARMAND DE GAZEAU.

Veritas manet et invalescit in æternum...
Non est in judicio ejus iniquum, sed forti-
tudo...

(Esd., lib. iii, cap. iv, v. 38, 40.)

« Si je n'aimais la vérité, je me condamne-
» rais au silence: mais la vérité a encore sa
» force dans les plus humbles voix et elle com-
» mande la hardiesse aux plus humbles esprits. »

(L. Veuillot, *Çà et là.*)

POITIERS

Chez MM. BONAMY, MORISSET et Mlle BERTHAULT,

LIBRAIRES.

1863

PRÉFACE.

—

Dans une réunion où je me trouvais, il y a quelque temps, un ennemi du christianisme triomphait du silence gardé par le clergé sur l'événement du **29 septembre 1860**, au tombeau de Ste Radégonde, et disait : « Les prêtres,
» si disposés toujours à *inventer* des miracles, n'ont
» pas osé écrire un seul mot sur la prétendue guérison
» de Justine Butet ; donc cette fille n'était pas malade,
» et que *tout cela* n'est qu'une jonglerie, une impos-
» ture. » — « Ce silence, répliquai-je, qui vous semble
» si significatif, peut être fondé sur des motifs qu'il
» n'apppartient à personne de juger. Mais, puisque
» vous désirez que la *lumière se fasse* sur toute cette
» affaire, je m'engage à vous démontrer et la maladie,
» et la guérison instantanée de cette maladie, et la cause
» surnaturelle ou divine de cette guérison. » De là la publication de cet écrit. Le lecteur jugera si j'ai tenu ma promesse.

Le sentiment néanmoins de ma faiblesse me faisait hésiter à affronter l'écueil de la publicité ; mais un événement a fait cesser mon incertitude. Un livre, qui vient de paraître comme un météore, avec grand bruit, LA VIE DE JÉSUS, attaque dans sa base le christianisme, en déniant la divinité à son fondateur. Il est alors du devoir de tout chrétien d'apporter son grain de sable au rempart qui abrite sa religion et la rend invulnérable. J'ai donc cru ne pouvoir plus différer la publication d'un FAIT INCONTESTABLEMENT SURNATUREL : car le miracle, dans l'Église catholique, sera toujours l'égide contre laquelle viendront expirer les impuissants efforts de l'impiété.

Rien n'arrête toutefois le zèle fanatique des ennemis de notre foi, et l'écrivain qui avait nié *Dieu-Esprit, en lui refusant la conscience*, a été conséquent en ne reconnaissant pas *un Dieu-homme.* Ce système, au reste, n'est pas nouveau ; c'est un *réchauffé*, qu'on me passe le mot, du *Christianisme dévoilé* de Boulanger, disciple et compère de Voltaire, et qui, *quand même,* mourut chrétien, en maudissant ses erreurs. Il y a pourtant entre les deux auteurs cette différence que le dernier est plus dangereux que son devancier, en ce qu'il dissimule perfidement son intention haineuse sous une apparente impartialité louangeuse, et qu'il emmielle le poison que distille sa plume élégante, en tâchant, aux yeux des hommes prévenus ou légers, de faire disparaître le Dieu sous les nombreuses couronnes qu'il défère au philosophe, au sage, au bienfaiteur dévoué de l'humanité.

Si cependant les hommes à préjugés, à parti pris, qui ne raisonnent pas et acceptent aveuglement tout ce qui leur promet la délivrance d'un joug religieux, pour eux lourd ou simplement gênant, si ces hommes crient victoire, après la lecture de ce livre qu'ils croient nouveau, comme s'il était possible que le siècle de Voltaire eût laissé en ce genre quelque chose à inventer, le chrétien,

lui, ne peut être égaré de sa voie par les clameurs inté-
ressées, ni par les artificieuses sophistications des faits
authentiquement établis ; car sa boussole, c'est le
MIRACLE. Or, Jésus a fait un grand nombre de miracles,
DONC JÉSUS EST DIEU. — Dans l'Église de Jésus, nous
voyons fréquemment se produire des miracles, DONC
ENCORE JÉSUS EST DIEU ET LA DOCTRINE DE CETTE ÉGLISE
EST VRAIE.

Le chrétien peut donc, en toute assurance, porter à
M. Renan ce défi : « Vous n'aurez rien fait contre la
» divinité de Jésus, tant que vous ne démontrerez pas :
» 1º que les miracles rapportés dans les Évangiles ont eu
» une cause naturelle ;

» 2º Que les apôtres étaient des imposteurs ou des
» fous, en proclamant la résurrection de JÉSUS, et don-
» nant leur vie en sanction de leur témoignage ;

» 3º Que les païens ont eu des motifs raisonnables de
» renoncer à leurs mœurs sensuelles, pour accepter l'ab-
» négation austère de la vie chrétienne, sans qu'ils
» eussent été témoins de miracles opérés soit par Jésus,
» soit par ses apôtres ;

» 4º Enfin, que la guérison instantanée d'une mou-
» rante, produite le 29 septembre 1860, au tombeau de
» Ste Radégonde, FERVENTE SERVANTE ET ADORATRICE DE
» JÉSUS-DIEU, a pu avoir lieu naturellement.

» Oh! alors, il vous sera permis de vous glorifier de
» votre œuvre et de croire à un succès. Mais, si vous
» êtes réduit à vous rabattre sur des négations va-
» gues et *dépourvues de démonstrations*, nous serons

» bien autorisés à vous regarder comme faisant partie
» de ces écrivains orgueilleux ou cupides, travaillant
» pour se singulariser ou peur s'enrichir, comme le fit
» Voltaire. Celui-ci, sans doute, ne vous cédait ni en
» esprit ni en science... Eh bien! il ne fut pas de bonne
» foi... Il afficha l'athéisme *malgré sa conscience!...*
» Aussi mourut-il désespéré d'être privé, au moment
» suprême, des secours de la religion de ce MÊME JÉSUS
» qu'il avait si longtemps appelé INFAME!!.. Telle est,
» songez-y, la loyauté et presque toujours la fin de la
» plupart des ESPRITS FORTS. »

Examinons donc s'il y a des miracles.

EXAMEN

CRITIQUE ET PHILOSOPHIQUE D'UNE GUÉRISON OPÉRÉE LE
29 SEPTEMBRE 1860 AU TOMBEAU DE SAITE RADÉGONDE.

———

Nous sommes parfois témoins de faits dont la cause paraît être tellement contraire aux lois physiques qui régissent tout ce qui existent, qu'à nos yeux ces faits revêtent le caractère d'événements de la plus haute importance dans l'ordre moral. Aux lieux où se produisent de semblables prodiges, l'émotion gagne toutes les classes, mais avec des impressions différentes, suivant la position de chacun quant au degré de développement de l'intelligence par l'instruction, et aussi suivant la rectitude et la loyauté du sens judicieux dans tous.

A la vue de ces faits, les simples et même bon nombre de savants, entraînés par la force des déductions logiques, certaines et irréfutables, crient au miracle ; quand d'autres hommes, au contraire, orgueilleux de leur prétendu savoir, croyant pouvoir donner la raison, l'explication de tout, et ne voulant admettre comme vrai que ce qu'ils comprennent *naturellement*, ne reconnaissant ici-bas d'autres mobiles efficients que les agents physiques, et humiliés, en face de ces phénomènes, d'être réduits à avouer leur impuissance à les expliquer, ces hommes ou nient hardiment les faits, ou se contentent de les appeler *de merveilleux effets du pouvoir inconnu de la* NATURE.

C'est un fait de l'espèce de ceux dont je viens de parler qui

1.

a naguère vivement excité l'intérêt des habitants de Poitiers
et de Parthenay et provoqué parmi eux une divergence
d'appréciation , que l'on comprend d'ailleurs de la part
d'hommes animés, les uns du sincère désir de trouver la vérité
à l'aide du flambeau de la logique et de la *saine* philosophie ,
et les autres résolus à soutenir, *à tort et à travers*, pour ainsi
dire, des idées préconçues et systématiques.

Après avoir simplement raconté cet événement, appuyant
mon récit sur les documents authentiques, il sera facile, dans
un examen froidement impartial, d'en indiquer la cause véritable et les conséquences rigoureuses.

Le 29 septembre 1860, dans la matinée, Justine Butet, âgée
de 28 ans, de Parthenay, département des Deux-Sèvres ,
étendue presque sans mouvement sur une espèce de brancard,
était apportée et descendue dans la crypte renfermant le tombeau de sainte Radégonde , à Poitiers, et déposée au bas de
ce tombeau. Aussitôt, et dans une chapelle au-dessus et au
chevet de ce caveau, commença la célébration d'une messe à
l'intention de la malade , qui venait de Parthenay pour solliciter de Dieu sa guérison par l'intercession de sainte Radégonde. Immédiatement après la communion, le célébrant
ayant entendu des gémissements partir de la crypte et plusieurs
personnes, qui assistaient à la messe, s'écrier : « Sainte Radégonde, priez pour elle ! » crut que la malade rendait le
dernier soupir ; car elle lui avait paru mourante. Bientôt
quelqu'un disait : « Elle est guérie ! »

Rentré, en effet , à la sacristie, le prêtre vit Justine Butet
s'avancer vers lui, disant avec la plus vive émotion : « Ah !
monsieur le curé, que Dieu a été bon pour moi !... Il m'a
guérie. » Elle montra alors ses bras, dont elle avait enlevé
les linges, souillés de sanie récente... et pourtant les personnes
présentes se convainquirent qu'il n'y existait plus de trace de

suppuration. On eût dit les plaies cicatrisées depuis plusieurs jours, car elles étaient presque couvertes de *squammes* ou écailles, paraissant peu adhérentes et bien près de se détacher et de tomber.

Cette fille était extrêmement faible; on lui apporta quelques aliments; et comme le bruit de cette guérison s'était répandu au dehors et attirait à l'église une foule de curieux, M. le curé, pensant que les conversations, qui ne pouvaient manquer de s'établir, seraient peu en rapport avec le respect dû au lieu saint, invita les sœurs du couvent de Pont-Achard, qui avaient accompagné la malade, à la reconduire chez elles, ce qu'elles firent.

Plusieurs personnes *de toute classe* s'empressèrent d'aller visiter Justine. Elle faisait voir à tout venant ses bras, dont les larges plaies, m'ont dit ceux qui l'ont vue, étaient parfaitement cicatrisées, conservant seulement encore des écailles ou croûtes qui se détachaient au moindre attouchement.

Dans l'après-midi, la fille Butet retournait à Parthenay, à la grande stupéfaction des voisins de la route, qui, *la veille*, l'avaient vue passer mourante.

La nouvelle de cette guérison, qu'on disait *miraculeuse*, me parvint dans la journée du 29 septembre. Mais, comme personne plus que moi n'admet difficilement l'existence d'un miracle, surtout lorsque l'homme a concouru au fait en question, il me sembla de la plus vulgaire prudence et de la première nécessité que, avant de déclarer certaine une guérison, l'existence de la maladie fût incontestablement établie, afin qu'il n'y eût plus place à la supposition d'une jonglerie.

En conséquence, je m'empressai d'écrire à M. Albert, médecin en chef de l'hôpital de Parthenay, qui eut l'obligeance de m'adresser immédiatement la lettre et le rapport suivant :

« Parthenay, 8 octobre 1866.

» Monsieur,

» Quoique je n'aie pas l'honneur de savoir à qui j'écris,
» mais connaissant l'urbanité qui veut une réponse à toute
» lettre, surtout quand elle est aussi polie que la vôtre, datée
» du 1ᵉʳ octobre et reçue à l'instant, je vous répondrai par la
» copie littérale suivante de l'écrit donné à *M. le curé de*
» *Saint-Laurent*, *au commissaire de police et à M. le préfet*
» *des Deux-Sèvres*, par moi-même, samedi dernier 6 oc-
» tobre.

» Sur la prière de M. le curé de Saint-Laurent de Parthe-
» nay, le soussigné, médecin en chef de l'hôpital, certifie
» avoir donné des soins gratuits, depuis plus de deux ans, à
» la fille Justine Butet, du Vieux-Parthenay, âgée aujourd'hui
» de 28 ans. Cette fille, *essentiellement chlorotique*, a éprouvé
» tous les accidents imaginables, qui ont été combattus symp-
» tomatiquement et toujours sans succès. Alitée depuis cette
» époque, je ne l'avais jamais vue debout et ignorais par con-
» séquent sa taille.

» Dès le principe de son affection, elle ne pouvait rien di-
» gérer, vomissait tout ce qu'elle prenait. Aussi, depuis plus
» d'un an, elle ne se nourrissait que du petit lait fourni par
» le caillé de lait de chèvre (75 centilitres environ par jour),
» un peu d'eau vinaigrée, avec une très-petite quantité de
» cidre dit *poiré*.

» Il y a cinq mois, pour comble de misère, *les bras, les*
» *épaules, les hanches et la moitié des cuisses* ont été envahis
» par un psoriasis (vulgairement appelé lèpre), fournissant
» un suintement abondant et si agglutinant que les linges
» ne se décollaient qu'en emportant continuellement l'épi-
» derme.

» J'avais d'abord prescrit le cérat simple, puis le cérat
» soufré. Ce dernier n'a pas été employé, dans la crainte
» que son odeur ne répugnât aux personnes qui se faisaient
» laver par la pauvre mère. On n'employait donc en dernier
» lieu que des linges secs, *que l'on renouvelait deux ou trois*
• *fois dans les 24 heures.*

» Elle n'allait à la garde-robe que très-rarement (une fois,
» il y a eu un intervalle de onze semaines). Les urines étaient
» très-rares, le ventre ballonné, la peau rénitente; une douleur
» fixe dans la région iliaque droite..... enfin elle était dans
» un état d'anémie à faire craindre, ou plutôt désirer sa
» mort, lorsque, mardi 25 septembre dernier, je me rendis
» auprès d'elle, sur la prière de sa mère et de ceux qui s'in-
» téressaient à elle, pour la détourner du projet, *conçu depuis*
» *longtemps*, de se faire transporter au tombeau de sainte
» Radégonde, à Poitiers.

» J'y ai épuisé toute ma rhétorique, puisque, le vendredi
» suivant 28 et à mon insu, elle s'est fait hisser dans une voi-
» ture, *où je croyais qu'elle devait succomber.*

» Je ne sais ce qui s'est passé dans le voyage que par ouï.
» dire et par des personnes qui m'inspirent toute confiance...
» Mais *ce que j'affirme*, c'est que le lendemain samedi, 29
» septembre, elle est montée dans ma chambre à 10 heures
» du soir et à mon très grand étonnement, en me disant
» qu'elle était guérie. *En effet*, le psoriasis était *totalement*
» *desséché, et les squammes continuent aujourd'hui 4 octobre,*
» au moment où je viens de la visiter, *à tomber par écailles* (1);
« *le ventre est souple et libre, et insensible à toute pression...*

____

(1) Qu'on ne perde pas de vue que cette attestation, constatant la cessation
totale des affections morbides de Justine et *la continuation de la chute des*
squammes, est écrite cinq jours seulement après le voyage à Poitiers.

» elle mange avec plaisir... ses forces augmentent de jour en
» jour... elle dort bien, ce qu'elle ne faisait pas.

» Ce bien continuera-t-il? Les menstrues reviendront-elles?
» *Le psoriasis*, AFFECTION CUTANÉE SI REBELLE A TOUS
» LES TRAITEMENTS, reparaîtra-t-il? Je ne puis pas plus
» répondre à ces questions que je ne puis m'expliquer la cause
» qui a amené UN MIEUX SI INSTANTANÉ. En un mot, le
» mardi j'ai vu une fille mourante... le samedi soir je l'ai vue
» ressuscitée au pied de mon lit, et je viens de la voir aujour-
» d'hui, 4 octobre, allant de mieux en mieux.

» Fait sincère et véritable, à Parthenay, le 4 octobre 1860.

» Signé: ALBERT, d.-m. »

« Ne croyant pas aux miracles, j'ose l'avouer, Monsieur, je
» n'ai pas encore pu m'expliquer physiologiquement par quels
» efforts la nature *medicatrix* (si puissante parfois) a produit
» un pareil résultat, qui se maintient aujourd'hui 8 octobre,
» puisque je viens de la visiter avec un confrère très-incrédule.

» Au reste, vendredi soir, après un repas de corps à Niort...,
» j'ai rapporté le fait à 23 confrères, en leur disant que je ne
» le croirais pas si je le lisais dans un journal; que je ne le
» leur donnais pas comme miracle, parce que, si j'y croyais,
» j'adresserais tous mes malades *désespérés* à sainte Radé-
» gonde....., mais pour qu'ils réfléchissent, dans le silence
» du cabinet, sur l'explication la plus plausible à lui donner;
» qu'en tout cas, je pouvais leur affirmer qu'il n'y avait
» pas la moindre jonglerie à suspecter.

» Telle est, Monsieur, ma réponse à votre demande, et *je
» vous autorise à toute communication*. Au reste, si d'autres
» personnes viennent à m'écrire à ce sujet, je leur donnerai
» votre adresse pour y aller chercher la réponse.

» M. le conseiller G... (1), mon gendre, qui est chez moi,
» s'est levé pour voir cette fille *et pour constater ce fait mer-*
» *veilleux.*
» J'ai l'honneur, etc.
» *Signé :* ALBERT, d.-m. »

Sur ces entrefaites, comme toujours, les commérages
allaient leur train. Pendant que les uns attribuaient cette guérison à une cause surnaturelle, d'autres, au contraire, cher-
chaient par des mensonges à détruire cette opinion. Ceux-ci
répandaient le bruit que la fille Butet était en prison, pour
avoir cherché à accréditer une imposture ; ceux-là, qu'elle
était morte ; d'autres enfin, qu'il était faux qu'elle fût guérie.

Afin d'acquérir une certitude sur tout cela, je dus avoir
recours de nouveau au bon vouloir de l'auteur du rapport
qu'on vient de lire, rapport si remarquable et par la lucidité,
et par le cachet de sincérité et de bonne foi qu'il est impossible d'y méconnaître. Ne recevant pas de réponse, je priai
Mme la supérieure de l'hôpital de Parthenay de me fournir les
renseignements désirés sur l'état actuel de la fille Butet, ce
qu'elle fit le 17 novembre, dans la lettre que voici :

« MONSIEUR,

» Combien je regrette de n'avoir pu répondre plus tôt à
» votre honorable lettre, au sujet de notre *miraculée,* dont je
» *me suis assuré* la position bonne et mauvaise par deux de
» nos sœurs les mieux entendues aux malades.
» De la lèpre notre chère Justine *est radicalement guérie...*

(1) Je nommerai à ceux qui le demanderaient les personnes que j'ai cru
ne devoir indiquer que par des initiales.

» Comme un de nos incrédules combat contre la disparition
» des marques de cette maladie, la pauvre fille a voulu que
» mes sœurs vissent son dos à découvert. Ces bonnes sœurs
» ont vu et touché une très-belle peau, *blanche et satinée*,
» quitte de toute marque qui puisse faire soupçonner qu'il y
» a eu là mille et une écailles, etc., etc. Tout le corps est beau
» et sain.

» Maintenant le mauvais côté de la santé de Justine pro-
» vient d'une imprudence qu'elle a commise, en assistant à
» un office se trouvant dans un courant d'air humide et froid,
» où elle a gagné une petite fièvre lente qui la fatigue.....

» Daignez, etc.

» *Signé* : LÉOCADIE.

» 17 novembre 1860, hôpital de Parthenay. »

Le 30 novembre suivant, le docteur Albert m'écrivait ce
qui suit :

« MONSIEUR,

» Si je n'ai pas répondu à votre lettre du 3 novembre et
» aux deux que vous avez écrites à Mme la supérieure de
» l'hospice, dont je fais le service depuis 34 ans, c'est que la
» fille Butet avait une fièvre intermittente quotidienne et une
» bronchite très forte, *par suite d'une imprudence commise*
» *par elle*, et la voilà : appelée un jour par *nos* dames de
» notre couvent, elle s'y rendit et mouilla sa chemise ; elle
» entra dans cet état à l'église de Ste-Croix, église très froide
» et qui se trouvait avec deux portes ouvertes faisant cou-
» rant d'air sur elle. Aujourd'hui la fièvre est peu sensible,
» mais la bronchite n'a pas perdu de son intensité : cepen-
» dant j'espère que ces misères se dissiperont.

» Néanmoins, si vous vous reportez aux trois questions que
» je m'adresse à la fin de mon rapport : *le bien a continué...,*
» *les menstrues, disparues depuis trois ans, se sont montrées*
» *dans l'état le plus normal le 18 octobre et le 14 novembre...*
» LE PSORIASIS NE LAISSE PLUS AUCUNE TRACE.

» *Elle* a été vue par un grand nombre de personnes, et
» cependant il est un individu (le sieur..., médecin), qui pré-
» tend le contraire et dit *que le dos est en perdition ..., que*
» *j'y ai posé deux cautères... et qu'elle ne guérira jamais,*
» *ce qu'il avait prédit il y a plus de trois ans;* car c'est lui
» qui l'a vue le premier. Il affirmait tellement cela à M. C...,
» juge suppléant, dont il est le médecin, que celui ci est allé
» *la* voir hier et a visité tout le torse, jusqu'au bas de l'épine
» dorsale. Il s'est assuré que tout est en bon état et qu'il n'y
» a pas le moindre cautère.

» Mais sachez bien, Monsieur, que, pour infirmer mes
» paroles, des *hommes* cherchent à attaquer et mon honneur
» et ma science, pour que l'on ne croie pas à mon rapport !
» Qu'ils ne s'expliquent pas la cause d'un tel fait... (*je ne la*
» *vois pas non plus, physiologiquement parlant... et je défie tous*
» *les médecins du monde de l'expliquer...*), mais qu'ils ne
» veuillent pas me faire passer pour un imposteur, me prêtant
» à une jonglerie, et pour un ignorant !... j'ai fait mes preuves
» depuis 46 ans !...

» Je vous le déclare de nouveau..., je ne crois pas aux mira-
» cles, pas plus à celui-ci qu'à d'autres; mais *je trouve que*
» la *nature* a des ressources inconnues au médecin, devant
» lesquelles il faut bien incliner sa raison.—*Bienheureux sont*
» *ceux qui croient !* parce qu'ils ne s'épuisent pas en raison-
» nements *à perte de vue* pour expliquer *ce qui est inexplica-*
» *ble.*

» En résumé, Monsieur, Justine Butel n'est pas morte,

» comme il en a été bruit à Poitiers. JUSQU'A SON IMPRU-
» DENCE, toutes ses fonctions se faisaient bien ; elles se font
» encore bien, seulement il me faut lui retrancher un peu la
» quantité des aliments, à cause de ces accidents, QUI NE
» CHANGENT RIEN AU MERVEILLEUX DU 29 SEPTEMBRE
» DERNIER.

» Si je ne craignais pas pour sa poitrine, M. C..., qui veut
» l'emmener à Poitiers pour la présenter à MM. G..., etc.,
» lui ferait faire de suite ce voyage, et l'on pourrait dire :
» *Vide et crede.* »

» J'ai l'honneur, etc.

» *Signé :* ALBERT, d.-m. »

Depuis lors, Justine Butet est venue plusieurs fois à Poitiers,
et notamment le 29 septembre 1861, anniversaire de sa guérison, pour offrir de nouveau ses actions de grâces à Dieu et
à sa protectrice. Je fus du nombre des personnes qui purent
la voir et se convaincre par elles-mêmes de son état, quant à
la lèpre en question. Je vis et je touchai des mains et des
bras recouverts d'une peau blanche et fine qu'ambitionneraient
assurément beaucoup de femmes du monde. Cette fille parais-
sait seulement avoir la poitrine fatiguée des suites de l'imprudence précédemment signalée.

Du reste, le docteur Albert lui-même, dans sa lettre du
9 septembre 1861, qu'il est inutile de transcrire ici en entier,
disait, entre autres choses : « La lèpre n'a pas reparu. » Ce
qu'attestait également une lettre de M. C.., juge suppléant à
Parthenay, par moi reçue quelques jours auparavant.

De tous les documents précédents il résulte donc deux faits
incontestablement établis :

1° La maladie ancienne, grave, incurable par sa nature et
menaçant d'une mort prochaine la fille Justine Butet ;

2° La guérison *instantanée et complète* de cette maladie, au moment même où la malade accomplissait un acte religieux dans le but de solliciter et d'obtenir de Dieu cette faveur, par l'entremise et l'intercession de Ste Radégonde.

Recherchons quelle *peut et doit* être la cause de cet événement, que des hommes savants, spéciaux, appellent *merveilleux, inexplicable.* Cette cause *peut-elle* être naturelle, ou *doit-elle,* au contraire, nécessairemeut procéder de l'intervention directe du pouvoir de Dieu ? En d'autres termes, ce fait constitue-t-il un miracle ?

Un miracle !.... En vérité, de nos jours, pour prononcer publiquement ce mot, il faut un certain courage, ou être au moins solidement cuirassé contre les traits de la raillerie insultante des gens du monde. — « Un miracle!... entendez-
» vous souvent dire, allons donc !... vous vous moquez !...
» Il était permis de raconter ces impostures aux temps d'igno-
» rance du moyen âge; mais aujourd'hui, en plein XIXᵉ siè-
cle(1), qui peut y croire ? »

(1) Le XIXᵉ siècle doit-il, au jugement de l'homme grave, jouir de l'infaillibilité déniée au XVIIIᵉ par un profond penseur, Maine de Biran, qui l'appelait « *le siècle de l'irréflexion ?* » A l'avis de bien des gens, l'un vaut au moins l'autre, sous ce rapport.

Non, au temps présent, presque personne ne veut réfléchir et juger par soi-même ; il est de beaucoup plus commode d'adopter l'opinion d'autrui et de dire après les autres : « Plus de miracles !... le progrès des lumières n'en peut reconnaître ! » Examinons cette grave question. Les hommes qui nous ont précédés, le plus versés dans les sciences exactes, la physique, l'astronomie, etc., dont la réputation est encore intacte, Descartes, Newton, Leibnitz, Pascal et tant d'autres, furent chrétiens et eurent foi par conséquent aux miracles de l'Evangile. Est-ce que ces miracles, et ceux dont nous sommes témoins, sont aujourd'hui expliqués NATURELLEMENT, *par suite des découvertes scientifiques faites depuis les savants dont nous venons de parler ?* Eh bien ! alors, démontrez-nous, PAR DES FAITS, que, PAR UNE LOI NATURELLE, un homme peut d'une seule parole guérir les aveugles, les boiteux, les paralytiques, les lé-

Ceux qui semblent ainsi si fiers de leurs lumières et de celles du siècle présent, en jetant avec dédain l'injure au moyen âge, n'ont donc jamais lu cette fameuse proposition du chancelier Bâcon : « *Peu de science produit le doute ; — beaucoup de science* (1) *conduit à la foi ?* » Ce qui établit que la foi du moyen âge était loin d'être crédule et aveugle dans un très grand nombre d'hommes de cette époque, qui unirent de profondes études à la pratique exacte de la foi chrétienne, *en ne faisant aucun doute des miracles qui lui servent de base ;* — tandis que, aujourd'hui, sans en avoir un instant étudié les preuves, par légèreté, par ton, par fanfaronnade, par respect humain, tout en se disant chrétien, on rejette le christianisme, en déclarant qu'il n'y a pas eu et qu'il ne peut pas y avoir de miracles, qui seuls sont cependant le sceau de la divinité de cette religion.

Bâcon flatte donc bien peu l'amour-propre de nos libres penseurs, en leur décernant un brevet d'ignorance, toutes les fois qu'ils nient les faits surnaturels qui sont les colonnes inébranlables des croyances chrétienne et catholique.

Pour prouver l'inanité et *souvent* la mauvaise foi de cette

preux, ressusciter les morts et se ressusciter lui-même. Ou bien, si vous doutez de l'existence de ces faits anciens, prouvez-nous au moins que, en vertu des mêmes découvertes, un malade peut se trouver guéri *instantanément*, en s'approchant seulement du tombeau d'un saint, ou en buvant quelques gouttes d'une eau puisée à une fontaine, faits opérés de nos jours, attestés par de nombreux témoins et certifiés, pour la plupart, par un grand nombre de médecins. A ce moment, les crédules seront confondus. Mais si vous ne faites pas cette démonstration, dont on vous porte le défi, nous serons bien autorisés à croire TOUJOURS aux miracles et à vous regarder comme des comédiens téméraires dont les négations, dépourvues de bases, s'écroulent en face d'un examen tant soit peu sérieux.

(1) Il ne s'agit ici que de la science acquise par une consciencieuse étude de la religion, et qui n'a rien à redouter de l'examen loyal des autres sciences.

négation, examinons en peu de mots les questions suivantes :

1° Qu'est-ce qu'un miracle ?

2° Dieu peut-il faire des miracles ?

3° Comment l'homme peut-il discerner et reconnaître infailliblement qu'un fait est un miracle ?

4° Enfin , la guérison de Justine Butet constitue-t-elle un miracle ?

Qu'est-ce qu'un miracle ? « C'est un événement qui n'a pu
» arriver par aucune cause naturelle, qui est contraire aux
» lois constantes et reconnues de la nature, et qu'on ne peut
» attribuer qu'à l'auteur et au maître de la nature même. »
Cette définition, donnée par un savant écrivain (1), doit satisfaire les esprits les plus exigeants , car elle ne se prête nullement, je crois, à favoriser la fraude.

Dieu peut-il faire des miracles ? C'est un des plus acharnés adversaires des miracles qui va répondre : « Dieu peut-il faire
» des miracles , se demande J.-J. Rousseau (2), c'est-à-dire,
» déroger aux lois qu'il a établies ? Cette question sérieuse-
» ment traitée serait impie , si elle n'était absurde. Ce serait
» faire trop d'honneur à celui qui la résoudrait négativement
» que de le punir ; il suffirait de l'enfermer (3). »

Dieu, en effet, créateur de toutes choses, a bien pu et peut toujours, quand il lui plaît, suspendre *momentanément* l'effet ordinaire des agents physiques, dans le but de démontrer aux hommes et son existence , et la vérité des lois qu'il leur impose, et, par conséquent, la mission et la divinité du Christ. Tout homme sensé et de bonne foi doit accepter cette proposition.

(1) Feller , *Cath. philosophique*, 2e vol., p. 185.
(2) Lettre de la Montagne.
(3) Sans doute comme privé de raison.

Mais comment l'homme pourra-t-il facilement discerner *avec certitude* la nature miraculeuse d'un fait?

Ici le paradoxal et inconséquent philosophe de Genève se donne, pour ainsi dire, un démenti (ce qui lui est souvent arrivé), en soutenant ridiculement qu'il y a impossibilité à ce qu'on soit jamais assuré qu'un fait est surnaturel, par la raison, selon lui, que le miracle étant une exception aux lois de la nature, il faudrait connaître toutes ces lois pour qu'on eût la certitude que la cause de ce fait n'est pas naturelle.

Mais le célèbre abbé Bergier (1), qui a réfuté victorieusement tous les sophismes de Rousseau, en le réduisant au silence, lui répondait, avec le bon sens et la logique, qu'il n'est pas nécessaire, pour être convaincu de l'existence d'un miracle, de connaître toutes les lois de la nature; qu'il suffit pour cela *d'être certain que ce fait est contraire à une loi connue de la nature* (2).

En effet, à moins d'ériger l'absurde en principe, on doit proclamer l'impossibilité qu'il y ait JAMAIS antagonisme entre deux lois de la nature : l'une ne peut combattre et détruire les effets de l'autre ; ou bien alors le monde physique deviendrait un chaos, la sagesse de Dieu une chimère, et Dieu lui-même un mot vide de sens. Or, en est-il ainsi? Non, certes.

---

(1) *Déisme réfuté*, p. 218 et suiv., — 220 et suiv.; — et *Certitude des preuves*, etc., 1re partie, ch. 3, 4 et 8.

(2) Les incrédules objecteraient-ils que des faits surnaturels sont parfois produits par le démon, et que dès lors il devient difficile de distinguer le miracle de l'opération diabolique? Oh! non, probablement : car, avant de croire à l'existence et au pouvoir du démon, il faudrait qu'ils crussent à Dieu et à son action qu'ils méconnaissent. Au reste, la réponse à leur faire serait aussi simple que péremptoire. Le bon sens décide, en effet, avec certitude, que si j'obtiens ma guérison INSTANTANÉMENT, EN LA SOLLICITANT DE DIEU, je n'en puis être redevable à l'intervention efficiente du démon, celui-ci étant bien éloigné de chercher à concourir à la glorification de l'ennemi qu'il abhorre.

Aux yeux de tous, les cieux et la terre offrent TOUJOURS le tableau de la plus complète, de la plus admirable, de la plus saisissante harmonie!... *Cœli* ET TERRA *enarrant gloriam Dei*. Donc le fait produit contrairement à une loi *connue* de la nature est un miracle, puisqu'on est assuré que nulle autre loi naturelle n'a pu lui donner naissance; donc encore il n'est pas nécessaire de connaître toutes les lois qui régissent l'univers, pour discerner la cause surnaturelle d'un événement.

Ainsi, Lazare meurt... Cette mort est un fait naturel. Mais Lazare ressuscite à la voix d'un homme... La cause de ce fait ne peut être que surnaturelle; car, par aucune loi de la nature, le mort ne peut revenir à la vie..., et l'homme, créature lui-même, est incapable par sa volonté propre de renverser et de détruire, en ressuscitant ce mort, l'ordre immuable établi quant à ce par l'auteur de toutes choses, qui seul a le pouvoir de modifier ses œuvres. La résurrection de Lazare, obéissant à l'ordre d'un homme, est donc évidemment et incontestablement un miracle, ainsi que tous les autres prodiges accomplis par Jésus-Christ.

Mais, dira-t-on peut-être, si Rousseau combattait ces miracles, c'est qu'il doutait probablement des faits rapportés dans l'Evangile. Au contraire, personne plus que lui n'en proclamait l'existence, disant que « *les actes de Jésus-Christ sont* » *beaucoup mieux attestés que ceux de Socrate, dont personne* » *ne doute* (1). » Seulement, dans l'impossibilité de les nier, le déiste génevois leur refusa la cause divine par une objection puérile, pour ne rien dire de plus, aimant mieux compromettre la haute capacité de son intelligence et la rectitude de son jugement, que de renoncer à un système dans lequel il est à craindre qu'il n'eût des motifs de se complaire.

(1) *Emile*, t. 1ᵉʳ, p. 166.

Si donc l'objection de Rousseau, la même et la seule qu'op-
posent encore aujourd'hui les incrédules aux événements
dont ils ne peuvent indiquer la cause naturelle, est de la plus
absolue nullité, concluons sans risquer d'être démenti :

1° Que Dieu *peut* et *doit* même faire des miracles pour se
manifester aux hommes, leur faire connaître ses lois et *frapper à son coin divin l'Eglise*, SEULE dépositaire de ces lois :
ut agnoscant gentes potentiam ejus (1) ;

2° Que l'homme a des lumières suffisantes pour distinguer
le miracle d'un fait qui n'est pas miraculeux. Il lui suffit, à
cet effet, d'examiner si la cause déterminante de l'événement
est contraire à une loi CONNUE de la nature.

Ces points indubitablement établis, discutons le principe
de la guérison de Justine Butet.

Inutile de revenir sur l'authenticité et la gravité de la maladie de cette fille. Les écrits du docteur Albert sont là, et
toute la ville de Parthenay savait Justine mourante ; et cela
est si vrai, qu'un médecin qui l'a soignée soutient encore, dit-
on, qu'elle ne guérira jamais, bien que toute la population
du lieu soit dans l'étonnement et l'admiration, en la voyant
si complétement délivrée de ses maux externes et internes.

Presque tous ceux qui sont témoins de ce prodige l'attri-
buent hautement à un miracle... et je n'hésite pas à partager
et à appuyer cette conviction, car je ne pense pas qu'au jugement de l'homme impartial, il puisse y avoir un FAIT plus
contraire aux lois constantes de la nature, et, par conséquent,
plus miraculeux : lois parfaitement CONNUES, non-seulement
des savants ou des docteurs ès sciences médicales, mais encore de tout homme ayant seulement vécu âge de raison. Et
c'est en cela que ce prodige doit avoir une immense portée

(1) *Eccl.*, 46.

sur l'esprit de tous, puisque tous ont assez de savoir pour apprécier avec certitude la cause vraie de cette guérison.

De quelle sorte était, en effet, l'affection dont Justine était atteinte ? De celles qui, au rapport du docteur Albert, *rebelles à tous les traitements*, sont toujours incurables , et ne peuvent être *parfois soulagées* que par le long emploi des dépuratifs connus; encore, dans le cas présent, ceux-ci eussent-ils été probablement sans action favorable : c'était , en un mot, une dartre ou lèpre de la pire espèce, à en juger par les ravages qu'elle avait produits.

Des médecins, consultés sur cette maladie et *sa guérison*, auraient, dit-on, déclaré que les symptômes décrits au rapport du docteur Albert ne leur permettaient pas d'y reconnaître le psoriasis, reconnu et constaté par ce médecin, et se seraient alors abstenus *prudemment* de conclure sur le reste ; à peu près comme certains débiteurs se dispensent, en faisant triompher une fin de non-recevoir, de payer ce qu'ils savent pourtant devoir légitimement. Mais que m'importe ce nom, et que peut-il importer à personne ? Que cette maladie soit un *psoriasis* (dartre squammeuse et sèche), ou une dartre vive, ou une lèpre, etc., etc., inutile de le savoir ! Ce qui reste constant, c'est que cette détérioration de la peau était arrivée à un degré effrayant et rarement observé, puisque les docteurs interrogés ont été impuissants pour lui assigner un nom. Ce qui est certain encore, c'est que les plaies de la malade étaient hideuses et par leur étendue et par leur nature.

D'ailleurs, n'est-il pas possible d'admettre que le psoriasis proprement dit et comme le comprennent certains médecins, se soit compliqué du suintement purulent relaté au rapport, par suite de l'état presque cadavérique de la fille Butet, chez qui la vie était à peu près éteinte? En effet, il me semble très-rationnel de supposer que les parties du corps de Justine,

2

dépouillées originairement de l'épiderme par le *psoriasis*, aient éprouvé un commencement de décomposition à la surface du derme, ce qui devait causer ce suintement, épuisant par son abondance, dont parle le rapport. Du reste, répétons-le, rien n'est plus oiseux que de s'occuper de trouver un nom à cette affection.

Une seule chose est ici nécessaire : l'examen de la cause du mal et celui de la cause qui a produit sa guérison.

La cause du mal, c'était une chlorose parvenue à l'état chronique, dont l'effet était d'avoir vicié si essentiellement le sang, que tout l'organisme de la malade avait presque entièrement perdu son action. L'estomac, ou *le tube digestif*, comme dit l'Ecole, ne remplissait plus ses fonctions ; il refusait et rejetait tout aliment, quelque peu solide qu'il fût.— L'abdomen, ballonné et endolori, restait souvent pendant plusieurs semaines dans une inertie absolue, et les nuits étaient sans sommeil. Aussi la malade était-elle tombée dans un état de marasme et d'anémie tel, que depuis longtemps elle ne pouvait plus marcher, qu'elle restait toujours au lit et que ses meilleurs amis désiraient sa mort (1).

Cependant, le 29 septembre 1860, Justine, presque morte, selon son médecin qui s'était opposé au voyage, *dans la crainte que la malade n'expirât dans la traversée*, Justine est transportée, descendue et placée près du tombeau de sainte Radégonde... Quelques minutes plus tard, elle remontait le rude escalier de la crypte, annonçant sa guérison et en donnant des preuves à M. le curé de la paroisse et autres personnes présentes, leur montrant ses bras, un instant auparavant couverts d'une large plaie purulente, présentant maintenant l'aspect d'une plaie parfaitement cicatrisée, sur laquelle se voient

(1) Rapport du Dr Albert.

encore des écailles et croûtes sèches qui semblent disposées
à se détacher et tomber au moindre contact.

On sait le reste : Justine retourne le même jour à Parthenay, où elle s'empresse, dès son arrivée, d'aller annoncer le
prodige à son médecin qui, dans son rapport, s'écrie avec
loyauté : « Le mardi, j'ai vu une fille mourante..., le samedi
» soir je l'ai vue ressuscitée au pied de mon lit, et je viens de
» la voir aujourd'hui, 4 octobre, allant de mieux en mieux. »
Ce mieux, comme nous l'avons vu ci-devant, était une guérison complète et stable. Et le docteur Albert est-il le seul qui,
le samedi au soir, 29 septembre 1860, ait vu la fille Butet et
admiré sa guérison ? Non ; un autre témoin grave et irrécu-
sable était présent à la visite de Justine et s'est convaincu
que les plaies de cette dernière étaient cicatrisées et guéries : ce
témoin, c'est un conseiller à la Cour impériale de P... Jamais donc événement n'a été établi sur des preuves plus di-
gnes de foi.

Je l'ai dit : pour moi, cette *guérison instantanée, dans les
circonstances qui l'accompagnent,* n'a pour cause que l'intervention divine, l'intervention de l'auteur même de la nature,
qui *seul* a la puissance d'opérer contrairement aux lois, *immuables pour tout autre,* imposées par lui à sa créature.

Démontrons cette vérité autant que l'évidence est suscepti-
ble d'être démontrée.

Pour y parvenir, il suffira d'examiner et de mettre en lumière la marche constante et invariable que suit à cet égard
la nature animale depuis l'origine du monde ; marche obser-
vée et reconnue par la science, depuis que l'art de guérir
existe, et même par ceux qui sont étrangers à cet art.

Or, si d'un côté il certain que la nature animale a été douée
par Dieu d'une force tendant toujours à réparer les lésions
qu'elle éprouve, surtout accidentellement par des causes ex-

térieures, il n'est pas moins hors de doute et de contradiction que ses efforts pour arriver à cette fin ne sont *quelquefois* couronnés de succès, *sans l'assistance de la science médicale, et même avec cette assistance*, que par une amélioration progressive et souvent avec une lenteur désespérante : ce qui a donné lieu à ce proverbe populaire (vrai comme tous les proverbes qui ne sont que la traduction de l'observation judicieuse des siècles) : LE MAL VIENT VITE ET S'EN VA LENTEMENT.

Il n'est pas nécessaire, en effet, d'être médecin ; il suffit, comme je l'ai dit plus haut, d'avoir atteint l'âge de la raison et de la réflexion, pour que chacun soit pleinement convaincu, par sa propre expérience, que non-seulement *jamais* plaie grave, mais le plus léger *bobo* même, n'a disparu INSTANTANÉMENT. Cela est si vrai, si hors de doute et de dénégation, que le docteur Albert, qui en a conféré à Niort avec vingt-trois confrères, n'a pu alléguer l'existence d'aucun fait semblable *dans aucun temps*, et défie *tous les médecins* d'expliquer physiologiquement la guérison instantanée de Justine Butet. Je porte le même défi à tous les savants, heureux de me trouver en cela d'accord avec un homme estimable à tous égards, mais que je regrette amèrement de rencontrer parmi les incroyants que j'ai entrepris de combattre.

Le docteur Albert, en effet, appelle « *merveilleux et inexplicable* » l'événement du 29 septembre, et déclare en même temps *qu'il ne croit pas aux miracles, quels qu'ils soient*. Il n'est pas de mon sujet de m'occuper des anciens prodiges ; seulement, s'il s'en opère de nos jours qu'on ne puisse nier, ceux-ci ne seront-ils pas la preuve et la confirmation des faits miraculeux sans lesquels le christianisme serait venu se briser contre les idoles qu'il a, au contraire, renversées et détruites ? Car, ainsi que l'a dit, avec une vérité éblouissante, un païen (1, converti, avant sa conversion aussi célèbre par ses déportements qu'il le devint depuis par ses vertus et ses écrits éminents : « La conversion du monde sans miracles serait le plus étonnant des miracles. »

Aux sceptiques de toutes nuances qui, pour enlever au fait *merveilleux* du 29 septembre 1860 son caractère surnaturel, se retranchent derrière des *possibilités impossibles*, je répondrai simplement : Si la science médicale a fait des progrès, c'est principalement dans l'art chirurgical et opératoire, et aussi dans la thérapeutique, par suite des découvertes que l'observation anatomique a procurées sur les causes, ignorées jusqu'alors, de certaines maladies. Mais cette science n'a point encore, que je sache, fait le moins du monde progresser la nature humaine elle-même. Celle-ci est restée certainement telle qu'elle était sortie des mains du Créateur, avec les modifications qu'elle dut à sa chute. Sa marche n'a donc point changé et ne changera jamais : laissée à elle-même, à ses seules et propres ressources, elle n'opérera rarement, comme par le passé, depuis Adam, que des guérisons *progressives et lentes.*

Cela ne pouvant être contesté, si les plaies effroyables qui couvraient une partie notable du corps de Justine se fussent, dans l'espace de plusieurs mois, cicatrisées *lentement et progressivement, sans avoir employé le secours d'aucun remède* .. c'est alors que ce fait serait *seulement merveilleux.* Mais qu'on ne le nomme encore que *merveilleux* quand la guérison a lieu *instantanément...* abstraction faite même des circonstances où elle s'opère... oh! c'est là le comble de l'obstination systématique (2). Quoi! parce que l'on ne croit pas aux miracles

(1. Saint Augustin.

(2) Il vous en coûte donc beaucoup, docteurs en cette science si ardue et

on ose avancer des propositions insoutenables ! Et cependant pourquoi s'entêter à nier des conséquences forcées, quand cette négation blesse ostensiblement la raison et l'expérience de tous les temps ? Ainsi, pour échapper à la nécessité d'appeler *miracle* l'événement de Sainte-Radégonde, on essaye timidement et presque honteusement d'avancer la possibilité de cette guérison, *reconnue pourtant instantanée*, par les efforts de la nature *medicatrix*, *si puissante parfois*, ajoute-t-on (1).

conjecturale pour plusieurs, de condescendre à vous placer quelque peu au-dessous de Dieu, et de reconnaître parfois, en face de lui, l'impuissance humaine ? Craignez-vous de vous amoindrir en suivant l'exemple de ce médecin si honnête, si savant, si modestement chrétien, de l'illustre Ambroise Paré, qui ne faisait pas difficulté de s'écrier : « Je l'ai pansé, *Dieu l'a guéri ?* Et ici le miracle est *visible et tangible.*

(1) Ne serait-il pas permis d'avoir quelques doutes sur la foi d'un homme si éclairé, si prudent et si grave, à l'intervention de la nature *medicatrix* dans cette guérison, lorsqu'on le voit, contre toutes ses habitudes sans doute, donner à cet événement un éclat dont il se serait probablement abstenu, s'il eût regardé ce fait comme naturel ? En effet, ne se contentant pas de noter, pour ses confrères et lui, *ce cas unique de cure naturelle si instantanée*, il embouche pour ainsi dire la trompette, afin de faire partager à tous l'*émerveillement* qui l'oppresse. Ce ne sont pas des médecins qu'il en informe, mais toutes les autorités : le curé, le commissaire de police et jusqu'au préfet, reçoivent, dès les premiers instants, le récit circonstancié des faits. Il ne peut donc s'agir ici, même pour le docteur Albert, que d'un *prodige surnaturel ;* autrement sa conduite n'aurait pas de sens. Non, le docteur ne croit pas à cette guérison *naturelle.* Aussi n'ose-t-il pas insister à cet égard et se retranche-t-il dans un doute. Il rougirait, et cela se comprend, en craignant de se nuire, de s'associer à ces esprits faux qui, après J.-J. Rousseau (1), ce roi des sophistes, n'auraient pas honte de donner la mesure de leur partialité systématique, en avançant cette proposition, qui écrase son auteur : « qu'il n'y a pas plus de miracle à guérir subitement qu'à mourir subitement. » Quand on argumente de la sorte, en effet, n'est-ce pas faire l'aveu qu'on n'écoute plus la raison, sinon qu'on l'a perdue?

(1) 3e lettre de la Montagne, p. 101.

La nature *medicatrix* !.. Nous avons vu et tout le monde
sait qu'elle n'agit JAMAIS qu'avec une grande lenteur, même
dans des sujets forts et robustes !... Mais, *à fortiori*, dans
l'état d'épuisement, d'abattement, d'anéantissement presque
radical des ressources vitales de la fille Butet, qui touchait à
la mort et dont les parties lésées éprouvaient déjà un commencement de la décomposition sépulcrale, une guérison
même lente, par les efforts seuls de la nature *medicatrix* ne
pourrait être soutenue par aucun homme éclairé et judicieux,
à moins que la cause des perturbations, *la chlorose*, n'eût
préalablement et *depuis longtemps cessé*. Eh bien ! c'est *instan-*
tanément que la cure s'opère et que l'ensemble de la santé est
rendu à la mourante !.. Car, ne le perdons pas de vue, ce ne
sont pas seulement les plaies qui se trouvent à l'instant cicatrisées ; mais tous les viscères malades ont recouvré leur
énergique vitalité pour faire chacun les fonctions qui lui sont
propres : l'estomac, qui refusait et rejetait tout aliment, reprend
instantanément sa force et son action naturelles...; l'abdomen,
son mouvement nécessaire et sa souplesse, en perdant la sen-
sibilité douloureuse dont il était affecté...; les muscles qui
supportent la charpente humaine, depuis plusieurs années
atrophiés et frappés d'inertie, retrouvent tout à coup leur
force locomotrice... et le sommeil, qui ne visitait plus Justine,
rapporte, dès la première nuit, à celle-ci ses bienfaits répara-
teurs !... Et cette *merveille instantanée* ne se produit pas
seulement en opposition directe et formelle avec les habitudes
invariables de la nature, elle intervertit même l'ordre
logique.

Ainsi, s'il est démontré pour tous qu'il ne peut y avoir
d'effet sans une cause préexistante, par une conséquence
inévitable on doit dire aussi que l'effet ne peut cesser qu'après
la disparition de la cause qui le produit : *Sublatâ causâ, tolli-*

dur effectus. Eh bien ! ici c'est le contraire qui arrive. Tous les accidents et maux internes et externes n'existent plus, quand la chlorose, *cause et seule cause* de toutes ces affections morbides, ne prend fin que vingt jours plus tard (1), en faisant place *à un état normal et régulier.* En un mot, la cause du mal est l'apauvrissement, la viciation profonde du sang. . et ce mal disparaît instantanément, avant que le sang ait pu s'épurer, se régénérer ; ou plutôt l'épuration et la régénération en ont eu lieu tout à coup, contrairement aux principes immuables de la physiologie.

C'est là un fait unique dans les annales du monde médical, et *radicalement contraire aux lois qui règlent la marche constante, connue et incontestable de la nature animale !...* Ce fait est donc un miracle (2).

Mais, si quelques sceptiques prudents, déconcertés et ahuris

(1) Voir la 2ᵉ lettre du docteur Albert.

(2) Le partial déiste J.-J. Rousseau, s'étayant de cette espèce d'obscurité qui enveloppe les faits très-anciens, *doutait* des miracles de l'Évangile, en disant que ces faits étaient PEUT-ÊTRE des prestiges. Pour lui donc Jésus-Christ, qui, par acte de sa volonté seule et par son commandement, a produit ces merveilles, Jésus-Christ n'est plus PEUT-ÊTRE qu'un magicien !... Ainsi, on le voit, cet esprit *si fort* ne rougit pas d'attribuer *à la magie, au sortilège* PEUT-ÊTRE, un pouvoir qu'il refuse à Dieu.

Mais la guérison que j'examine n'est que d'hier ; les circonstances en peuvent être appréciées par chacun, et toutes les personnes présentes à cet événement nous sont connues. Nous ne voyons dans l'église et au tombeau de sainte Radégonde, en ce moment, qu'un prêtre qui dit la messe *à l'intention de la malade* et cette malade qui prie pour obtenir la délivrance de ses maux. Ces maux sont *instantanément guéris sans autre intervention de l'acte ou de la parole de qui que ce soit...* Où est donc le magicien qui a opéré PEUT-ÊTRE cette cure si merveilleuse ?... Tous les incrédules réunis n'en pourront indiquer d'autre opérateur que CELUI à qui il est aussi facile de réparer que de créer. D'ailleurs, je le répète, le démon peut-il faire quelque chose qui puisse tourner à la gloire de Dieu ? Non, certainement.

par le prodige éclatant du 29 septembre 1860, n'ont pourtant
pas voulu le laisser passer sans faire *quand même* acte de pro-
testation ; s'ils ont, ne trouvant rien de mieux, lancé contre
lui l'objection que je viens de réfuter, encore qu'ils la sussent
très-bien vaine et sans portée, à peu près comme le marin fait
reconnaître et confirme son pavillon par un *boulet perdu*, il
s'est trouvé, paraît-il, des adversaires de la cause surnaturelle
du fait que nous examinons, qui se sont crus plus habiles que
mes premiers contradicteurs, quand ils n'étaient réellement
que plus téméraires ; car ils ont osé inventer et attribuer à cet
événement *merveilleux* la possibilité d'une cause qui, diamé-
tralement contraire aux lois les plus vulgaires de l'art médical,
ne peut avoir pour conséquence que de prouver *in terminis*
l'impuissance où se trouve l'incrédulité de rien opposer de
sensé à la thèse du miracle. Cette nouvelle arme de mauvais
aloi, venant s'émousser contre ma démonstration, tombera
devant elle sans l'effleurer... *Imbelle si ictu telum.*

Ils ont dit : « Pourquoi déclarer miraculeuse, d'une façon
» si absolue, la guérison de Justine Butel, quand il n'est pas
» rigoureusement impossible que ce fait, *quelque extraordi-*
» *naire qu'il soit*, ait eu une cause naturelle? Ne peut-on pas,
» en effet, admettre que l'imagination de la malade, si préve-
» nue en faveur du pouvoir de la sainte qu'elle invoque, ait
» vivement impressionné et ému le cerveau, à ce point de cau-
» ser une commotion quasi électrique du système nerveux,
» capable d'avoir supprimé subitement la suppuration des
» plaies et opéré ainsi leur guérison? Car il n'est pas sans
» exemple qu'une vive émotion arrête une abondante trans-
» piration.—Pourquoi, *à pari*, une violente commotion morale
» n'aurait-elle pas pu arrêter ainsi et GUÉRIR le suintement
» purulent qui affligeait Justine? Si cette possibilité existe, le
» miracle disparaît. »

A cela on répond : Tout dans cette objection démontre ou l'ignorance en cette matière, ou la mauvaise foi.

En effet, ce qu'il y a de plus incontestable en médecine, c'est qu'il faut, pour qu'une maladie cesse, que la cause en soit détruite. Or, quelle est la cause, RECONNUE DE TOUS, des affections cutanées, telles que dartres, lèpres, etc., etc.? La viciation du sang, suivant les lois certaines de la pathologie. Eh bien! chez Justine, cette viciation, résultat d'une chlorose chronique, était parvenue à un tel degré de gravité, que la vie n'était plus possible, au dire de son médecin.

Pour soulager donc la malade, en diminuant *peut-être* l'intensité de cette affection mortelle, il eût fallu, suivant encore l'expérience et les indications de la science, employer un long régime de dépuratifs énergiques, mais qui n'eussent jamais rendu au sang ses qualités normales... Dès lors, point de guérison possible, même en employant les remèdes connus.

D'après ces données, qu'on n'osera pas récuser, peut-on admettre qu'une imagination vivement impressionnée, ou, comme on dit, une forte commotion morale, en ébranlant le système nerveux, ait eu la puissance de rétablir chez Justine la pureté régulière du sang et de causer la guérison *subite*, *complète et durable* de toutes les complications de son horrible maladie? Non, parce que, selon les principes invariables de la physiologie, les nerfs *n'ont et ne peuvent avoir* nulle influence sur la nature du sang.

La commotion morale dont on parle, due à une imagination vivement exaltée, peut, il est vrai, produire divers phénomènes subits, mais seulement dans les affections nerveuses, dont le siége est au cerveau, *n'ayant nullement pour cause la viciation du sang*. Ainsi, les tremblements, les tics, les danses de St-Guy, parfois la folie, la paralysie même, et tous les maux qu'on attaque par l'électricité, peuvent ressentir d'heureux effets et recevoir même la guérison d'une forte commotion morale, et cela se comprend facilement. Tout le monde connaît l'anecdote de ce médecin célèbre de Paris qui guérit *subitement* un grand nombre d'enfants atteints de la danse de St-Guy, en les menaçant, s'ils continuaient à avoir des convulsions, de leur appliquer sur le bras un fer qu'il fit rougir en leur présence. L'imagination des malades fut si vivement frappée de crainte, et cette crainte stupéfia tellement l'appareil nerveux, par l'émotion du cerveau, que les accidents cessèrent immédiatement. On a encore vu un paralytique subitement guéri à l'aspect de sa maison en flammes... Ces faits, et autres semblables, confirment ma thèse. Mais croit-on que le stratagème inventé et employé par le docteur parisien, ou qu'un incendie quelconque eussent guéri des dartreux, des lépreux... Justine Butet, en un mot? Qui oserait soutenir cette absurdité? L'imagination n'a donc pu jouer aucun rôle dans le fait dont on recherche ici la cause.

Faudra-t-il descendre à combattre cette comparaison ridicule qu'on a la hardiesse d'établir entre la transpiration qui serait arrêtée par une vive émotion, et la guérison *instantanée et* DURABLE *des plaies et désordres internes qui mettaien-en danger la vie de Justine Butet* ? Ne voulant rien laisser sans réponse, il me suffira de quelques mots pour faire justice de cette misérable inconséquence, dont les auteurs nous ont sans doute pris pour des niais.

La base du système nerveux étant le cerveau et les innombrables rameaux de cet appareil aboutissant à la peau, on comprend qu'une vive émotion morale, agissant sur les nerfs, puisse causer la contraction du tissu cellulaire, en fermer les pores et arrêter ainsi *momentanément* la sécrétion de la partie séreuse du sang, ou la transpiration. Mais, pour produire ces effet, la commotion nerveuse, par la forte émotion du cerveau.

n'a pas besoin, comme dans le cas discuté, de faire cesser et disparaître la *détérioration*, *la viciation*, *la corruption du sang*, ce qui excède son pouvoir. Et voilà néanmoins ce qu'il faudrait admettre, contrairement à la vérité, dans l'objection que j'examine. Toute personne ayant l'usage du sens le plus ordinaire et le plus simple de la logique, décidera donc que cette comparaison, péchant de tout point, n'a nulle importance ni valeur. Elle donne, en outre, la preuve que son auteur doit être entièrement étranger aux éléments les plus vulgaires de la science médicale, et en même temps à l'habitude de l'observation, de la réflexion. Car, certainement, cette dernière argumentation ne sera jamais soutenue par un médecin, à moins qu'il ne soit un de ces Sganarelles tant bafoués par Molière, docteurs acclamés par ces mots fameux : « *Bené, bené respondere !... Dignus est intrare in docto nostro* CORPORE !!! Et il faut croire, pour notre sécurité, que l'espèce en est perdue (1). »

(1) Peut-être me dira-t-on : « Pour décider si hardiment cette question » spécialement médicale, quelle est donc votre qualité ? Ne seriez-vous pas de » la famille du *médecin malgré lui*, CE FAISEUR DE FAGOTS ? » Qu'on veuille bien, sans se préoccuper de mon diplôme, répondre à mes raisonnements, non par des plaisanteries ni de simples allégations, mais par une *argumentation sérieuse*, digne d'être présentée à la décision des docteurs, dont l'avis fait loi en cette matière... *Car il y a des juges à Berlin !* D'avance, j'ai soumis à un médecin distingué, inspecteur de l'établissement des eaux thermales de Néris-les-Bains (Allier) la question suivante :

« Le psoriasis (*lepra vulgaris*), les dartres, simples ou vives, les plaies » quelconques, couvrant une partie notable du corps d'une femme *chlorotique* » *depuis longues années*, peuvent-ils être guéris INSTANTANÉMENT, soit par » l'action spontanée de la nature, soit par une commotion morale, produite » par l'imagination vivement impressionnée ? »

Cette question m'a été renvoyée, avec la réponse écrite au bas en ces mots énergiques : « NON ! MILLE FOIS NON ! » Signé : Camille de Laurès, docteur-médecin.

J'ai encore entendu un homme bien intentionné, mais difficile à bon droit en matière de miracle, émettre faiblement un doute, découlant d'un scrupule irréfléchi, dire : « J'ai vu
» Justine Butet, le 29 septembre, au couvent de Pont-Achard,
» peu d'instants après la sortie de l'église de Ste-Radégonde.
» Elle me montra le pouce d'une de ses mains encore enve-
» loppé d'un linge. A ce linge, qu'elle enleva, je vis des
» traces de suppuration. Justine et les sœurs m'assurèrent
» que cette toile avait été placée la veille par elles sur ce
» pouce, qui alors était presque entièrement dépouillé de son
» épiderme et que je voyais pourtant parfaitement guéri,
» puisque la peau n'en laissait rien à désirer, et conservait
» seulement cette couleur rose ou rouge clair qu'elle a tou-
» jours sur les plaies récemment disparues. Sur les bras, les
» plaies qui les couvraient me parurent parfaitement cicatri-
» sées... Peut-on dire cependant que cette guérison ait été
» instantanée, puisque ces plaies, *sèches* il est vrai, gardaient
» encore des squammes ou écailles? »

Oui, répondais-je, oui, cette guérison fut *instantanée*, d'après votre témoignage même ; car ce que vous avez observé le 29 septembre 1860 est le cachet infaillible de la cessation complète de la lèpre en question. Toute plaie, en effet, est guérie quand la suppuration en a pris fin, que cette plaie est sèche et couverte seulement encore d'écailles qui se détachent et tombent au fur et à mesure que l'épiderme acquiert sa perfection. La chute et la disparition des squammes ne constituent pas la guérison, mais n'en sont que la suite,

---

Quelque incrédule, médecin ou autre, osera-t-il s'inscrire contre cette déci_sion? Non, probablement. Il restera donc certainement avéré que les *plaies quelconques* de Justine Butet n'ont pu être *instantanément* guéries *par aucune cause naturelle.*

3

la conséquence, le résultat : personne n'ignore cette vérité. Les plaies de Justine n'existaient donc plus au sortir de l'église..., elles étaient *définitivement* cicatrisées... et la malade était guérie... *guérie instantanément, guérie sans convalescence et sans l'action d'aucune cause naturelle.*

Du reste, le docteur Albert, dont l'incrédulité aux miracles donne un poids immense aux aveux qu'il fait avec une loyauté qui a son mérite, mais n'étonne personne, dit que cette fille était ressuscitée quand il la vit le 29 septembre au soir... Il la déclarait donc guérie, *dès ce jour-là,* de tous ses maux, de sa lèpre en particulier. Et lorsque, *le 4 novembre suivant, cinq jours après l'événement,* il disait que les écailles CONTI-NUAIENT à tomber... c'est qu'il avait vu la chute de ces écailles dès le premier jour, ce qui d'ailleurs avait été constaté par d'autres témoins au couvent de Pont-Achard. Or, si les écailles se détachaient et tombaient ainsi dès les premiers moments, c'est que l'épiderme existait déjà. Et que dire de ce pouce suppurant le 28 septembre, parfaitement guéri le 29 et recouvert d'une peau unie et pure ? Est ce que tout cela ne démontre pas l'*instantanéité* de cette guérison, et n'offre pas aux yeux les plus prévenus contre les causes surnaturelles l'empreinte éblouissante et ineffaçable du doigt de Dieu ?

Il y a plus : tout homme loyal, qui croit en Dieu modérateur de toute chose, tout chrétien enfin, quel qu'il soit, doit reconnaître et proclamer que Dieu lui-même, malgré sa toute-puissance, NE POUVAIT permettre la guérison instantanée de la malade par *une cause naturelle,* dans les circonstances qui ont accompagné ce fait ; car Dieu NE PEUT rien faire de contraire à sa sagesse, à sa justice infinie ; et c'est pourtant ce qui aurait eu lieu, dans l'hypothèse que je combats.

. En effet, l'Homme-Dieu, CELUI *qui,* selon un aveu récent non suspect, *n'a jamais menti,* n'a-t-il pas affirmé ce principe,

accepté volontiers par la raison : « L'homme ne perdra pas un
» de ses cheveux sans la permission de mon Père ? » Point
d'exception à cette divine sentence ! C'est donc par la permission de Dieu que la fille Butet était peu à peu tombée dans
cette situation désespérée .. C'eût été pareillement par sa permission *que lentement et progressivement* la guérison en eût
pu avoir lieu. — Mais, quoi ! un chrétien judicieux admettra
que Dieu permette à la nature *medicatrix*, comme on dit, ou
à l'énergie organique de cette malade, d'opérer *instantané-*
ment et définitivement la guérison *merveilleuse* en question
(seule de cette espèce depuis 6000 ans !), au moment précis
où cette mourante, au pied d'un tombeau fameux, sollicite la
délivrance de ses maux par l'intercession d'une sainte et par
l'oblation du sacrifice propitiatoire !... et ce à l'instant même
où vient de descendre sur l'autel le Dieu de Naïm et de
Béthanie, qui ressuscite les morts et d'un mot guérit les lé-
preux ! ! .. Non, cent fois non, cela n'est pas possible !.. car,
s'il en pouvait être ainsi, si la cause de l'événement était
naturelle, lorsque le concours de toutes les circonstances con-
comitantes démontre à la foi comme à la raison que cette
cause doit être surnaturelle, notre croyance au miracle, tout
autorisée et logique qu'elle soit, n'en deviendrait pas moins
en réalité une superstition, et ce serait Dieu qui nous y aurait
induits, *en nous trompant !..,* hypothèse qui est un blas-
phème. D'où il suit *nécessairement* que, si l'objection des
incroyants était fondée, Dieu donnerait un démenti et à sa
sagesse, en confondant les causes *naturelles* et *surnaturelles*
des événements, et à sa justice, en nous exposant, par cette
confusion et par des apparences fallacieuses, à commettre un
crime spirituel.

Mais non ! Dieu cesserait d'être, s'il pouvait jamais cesser
un moment de se manifester aux hommes comme *infiniment*

juste, infiniment sage, infiniment vrai et jaloux de sa gloire.
Il ne saurait donc permettre qu'on soit dans une erreur superstitieuse, quand on persiste à soutenir que le prodige du 29 septembre 1860 est un miracle.

« Bienheureux sont ceux qui croient !.. s'écrie-t-on en
» core, parce qu'ils ne s'épuisent pas en raisonnements *à*
» *perte de vue* pour expliquer ce qui est inexplicable... »

Oui, en effet, bienheureux ceux qui croient.. Mais ce n'est pas parce qu'ils sont dispensés de rechercher la cause des faits *merveilleux :* ils cherchent, au contraire, aussi soigneusement, aussi scrupuleusement que qui que ce soit, en rapprochant et approfondissant, avec une froide conscience, les circonstances au milieu desquelles s'accomplissent ces faits, ils cherchent à leur trouver une explication naturelle..., et ils ne croient aux miracles, soyez-en sûr, que lorsqu'il leur est invinciblement démontré que ces faits ont été *produits en opposition manifeste et certaine avec les lois connues et immuables qui régissent le monde physique.* Il est vrai pourtant que, pour arriver à ce résultat, ils ne raisonnent point *à perte de vue* mais qu'ils prennent pour guides les règles de la logique, qui seules peuvent établir la certitude du jugement humain.

Pourquoi, disent encore quelques hommes légers, peu ou point accoutumés à réfléchir et à observer ce qui se passe dans le milieu moral où ils vivent, pourquoi Dieu ferait-il *aujourd'hui* des miracles ?

Etrange question ! .. la créature osant impertinemment demander à son créateur compte des motifs de ses actes ! Etrange logique !... qui nie un fait, par cela seul qu'elle n'aperçoit pas la fin qu'a pu se proposer l'auteur de ce fait !... Du reste, il est facile de répondre, en partie du moins, à ce téméraire *pourquoi.*

De tout temps Dieu multiplia les signes sensibles, ou les

miracles, pour appeler l'homme à la pratique des devoirs qu'il lui imposait, au respect et à l'observation du culte qu'il en exigeait, en frappant ainsi ses lois et commandements de son sceau divin. C'est par ce moyen qu'il préserva de tomber dans l'idolâtrie le peuple qu'il s'était choisi, à l'effet de conserver la foi au vrai Dieu.

De même, lorsque le VERBE descendit des cieux pour racheter les hommes, leur imposant la loi de la croix, si propre à faire gémir et à effrayer la nature corrompue, il fallut bien, afin de vaincre les répugnances de la chair, que des miracles, *certains pour tous*, vinssent démontrer la divinité de l'auteur de cette loi nouvelle, confirmer sa mission et sanctionner sa doctrine... *Ut agnoscant gentes potentiam ejus ; afin que les nations fussent convaincues de sa puissance infinie* Et l'effet le plus sensible et le plus avéré de cette puissance, manifestée par les miracles de J.-C et de ses apôtres, fut sans contredit le renversement du paganisme et la substitution, contre les penchants de la nature, des dogmes et de la morale austères du Dieu crucifié au culte sensuel et voluptueux des idoles.

Si donc les nombreux faits surnaturels produits par Dieu ont toujours eu pour but le salut de ses ennemis par leur conversion à la pratique de ses préceptes ; s'il a constamment cherché à faire triompher l'Eglise fondée par CELUI *en qui il a placé toutes ses complaisances*, qui pourrait s'étonner qu'à notre époque encore il fît des miracles, pour confondre les efforts de l'impiété, qui attaque cette Église avec une rage aussi implacable qu'elle est aveugle et injuste?

Personne n'ignore, en effet, que la tourbe des *libres penseurs, des rationalistes*, etc., etc, applaudit avec frénésie au système anti-social des Quinet, des Eugène Sue, etc., qui proclament ostensiblement et IMPUNÉMENT dans leurs écrits *que toute religion est un mal, qu'il faut en finir avec le chris-*

tianisme (1), cette superstition du moyen âge, afin d'arriver
au rationalisme pur. On connaît pareillement la furibonde
propagande du protestantisme contre l'Église catholique, dont
il espère voir le chef réduit à un abaissement favorable à ses
projets... (2). Et l'on ose encore demander pourquoi Dieu
ferait des miracles !!. On a presque raison, au point de vue
humain : Dieu devrait, ce semble, pour se venger des malheu-
reux qui ferment si obstinément l'oreille à son paternel appel,
Dieu devrait ne plus se manifester ainsi inutilement pour un si
grand nombre. Mais non ; dans sa bonté, infinie comme son
Être, il veut que le méchant soit sans excuse aucune, au jour
où sa miséricorde offensée deviendra muette devant sa justice
inexorable. Aussi ne cessera-t-il de produire des faits *contre
nature*, capables, par leur éclat incontestable, d'engager l'incrédule à rentrer au sein de l'Église, SEULE favorisée de ces
divines merveilles et, par conséquent, SEULE *désignée par lui
comme dépositaire* INFAILLIBLE *de l'autorité de Jésus-Christ.*
Car, ainsi qu'on l'a dit avec une vérité indiscutable, LE FAIT
EST L'ARGUMENT DE DIEU, et cet argument est sans
réplique.

Mais, si l'on insiste et que l'on demande encore d'autres motifs pour lesquels se produiraient de nos jours des faits surnaturels, ne serait-ce pas pour empêcher que de nouvelles vic-
times de *nouvelles erreurs* ne courussent à leur perte éternelle,
que Dieu, dans sa charitable et inépuisable providence (3),

(1) C'est cependant de ce christianisme, que proscrivent *ces dangereux esprits
forts*, que Bacon qui valait bien, pour le savoir et la rectitude du jugement,
les Sue et les Quinet, a dt : « La religion est l'arôme qui empêche la science
» de se corrompre. » Quand est-ce que cet axiome a été plus complétement
confirmé qu'il ne l'est de nos jours?

(2) On doit excepter les protestants éclairés et exempts d'esprit de secte
ardent et passionné. (Voir le livre de M. Guizot : *l'Église et la société chrétienne*

(3) La Providence est le grand pilote de l'univers, a dit je ne sais quel saint.

multiplierait ainsi les miracles autour de nous? Sans vouloir, en effet, assigner une cause finale à tout événement, est-ce que Dieu, aux yeux de qui toute l'éternité est présente, ne cherche pas, par ces faits inexplicables naturellement, à prémunir l'homme contre les assauts auxquels il le voit exposé de la part de ces esprits infernaux qui semblent, en haine de Dieu et de son Verbe, avoir formé une conjuration contre nous, en tentant de nous égarer par leurs prestiges? Est-ce qu'il ne voyait pas l'alliance des *spirites* avec les hérétiques, ennemis de la religion et du culte révélés et fondés par Jésus-Christ? Or, le miracle du 29 septembre renverse de fond en comble le système du spiritisme, tout aussi bien que les hérésies.

Il ne m'est pas possible de faire entrer dans le cadre restreint du sujet que je traite une réfutation analytique et complète de toutes les aberrations qui constituent l'opinion des spirites. Je me bornerai à en examiner brièvement la nature et les conséquences.

Qu'est-ce donc que le spiritisme? C'est un amalgame ridicule et pourtant dangereux des rêveries de quelques philosophes de la Grèce antique avec la morale de l'Évangile : amalgame fondé sur la révélation faite, DIT-ON, par des Esprits se prétendant destinés à animer des hommes qui doivent naître, après en avoir animé d'autres qui ont cessé de vivre. On le voit, c'est la métempsycose renouvelée des Grecs, *au siècle des lumières.* Où est donc le progrès? car métempsycose et folie ont toujours été synonymes.

Pythagore fut en effet, sous ce rapport, la risée de son siècle ; et si, dans son *Timée,* Platon dit en passant que *si l'homme renaît deux fois, la femme n'en renaîtra qu'une,* c'est par forme d'épigramme et pour marquer l'infériorité qu'il assignait à la femme. La pluralité des existences n'a donc jamais été admise *sérieusement* par les hommes sensés d'aucun pays (1).

(1) Si Virgile, au 6e livre de l'Enéide, reconnaît la transmigration des âmes, il

Aussi, n'est-ce qu'avec le plus profond étonnement qu'on voit M. Allan Kardec, par irréflexion ou mauvaise foi, avoir la hardiesse d'avancer que cette *pluralité d'existences* a été proclamée par Jésus-Christ lui-même, dans l'Évangile dont il cite les passages !... Or, au passage indiqué (à la page 23 de son exposé sommaire) de l'Évangile de saint Matthieu, chapitre XVII, v. 10 et suiv., on lit ceci : « Ses disciples l'interrogèrent alors et lui dirent : Pourquoi donc les scribes disent-ils qu'il faut qu'Elie vienne auparavant ? Mais Jésus leur répondit : Il est vrai qu'*Élie doit venir*, et qu'il rétablira toute chose. Mais je vous déclare qu'*Élie est déjà venu*, etc. » De cette réponse de Jésus, M. Allan infère, sans doute, que le prophète Élie doit naître une seconde fois. Si Élie, cependant, revient sur la terre à la fin des temps, ce ne sera pas par une seconde naissance, puisque, suivant ce qui est écrit au livre des Rois (1), Élie n'est pas mort, et qu'il a été enlevé au ciel dans un char de feu. Est-ce en renaissant qu'il vint, aux yeux des apôtres, converser avec Jésus sur le Thabor? M. Allan doit savoir cela, comme le sait tout écolier qui a appris l'Histoire sainte.

L'apôtre du spiritisme cite encore, à la page ci-devant cotée, un passage de l'Évangile selon saint Jean, chap. III, v. 3 et suiv. A l'endroit indiqué on lit :

« Oui, je vous le dis et vous en assure que personne ne peut

---

ne le fait que d'une façon tellement restreinte, qu'il est impossible de ne pas voir que le poëte n'a adopté cette opinion que pour se ménager le moyen si adroit de flatter tous les Romains en général, et Auguste et sa famille en particulier, en les faisant descendre d'Énée. Il peint, en effet, des couleurs les plus effrayantes le tableau des châtiments ÉTERNELS du tartare ; seulement il représente des âmes EN PETIT NOMBRE (*pauci læta arva tenemus*) qui, après s'être purifiées de leurs taches *par l'eau ou le feu* (*aut exuritur* (SCELUS) *igni*), passent aux Champs-Élysées pour retourner à la vie terrestre, si elles le désirent : *Ut incipiant in corpora velle reverti.*

(1) Liv. IV, chap. 2, v. 11.

» voir le royaume de Dieu *s'il ne naît de nouveau.* Nicodème
» objecte : Comment peut naître un homme qui est déjà vieux?
» Peut-il entrer une seconde fois dans le sein de sa mère pour
» naître encore? Jésus lui répondit : Oui je vous le dis et vous
» en assure, que si un homme ne RENAÎT DE L'EAU ET DE
» L'ESPRIT, il ne peut entrer dans le royaume de Dieu. »
Comprend-on qu'un homme de bonne foi puisse donner ces
textes comme démontrant que J.-C. a proclamé la pluralité
des existences? — Avec beaucoup moins d'intelligence que
n'en a M. Allan, tout homme de sens droit est convaincu
qu'ici J.-C. n'a parlé que de la *renaissance spirituelle par la
grâce* que l'homme reçoit du Saint-Esprit dans le baptême :
il doit *renaître de l'eau et de l'Esprit*; c'est assez clair.

Cette citation n'a donc été faite *qu'à toute fin*, pour en im-
poser à ceux, trop nombreux, qui croient sur parole ; mais elle
doit suffire pour éclairer les lecteurs de M. Allan et les aver-
tir d'être en garde contre les citations et les interprétations de
ce chef des spirites.

Un mot maintenant de la nature des Esprits *révélateurs* du
spiritisme, de ces esprits aux paroles de qui on a une foi en-
tière, sans qu'on exige d'eux des preuves *de leur essence* ni
de leur mission, quand on est si difficile sur les preuves de la
révélation évangélique. On croit TOUT, sans se préoccuper de
cette question, à savoir : si ces esprits n'auraient pas un intérêt à nous tromper.

Les esprits qui se communiquent aux médiums sont, DIT-
ON, des âmes qui, dans des corps humains, ont déjà habité
la terre... Ce sont nos *amis*, nos *frères*, nos *pères*, etc., etc.,
qui tous probablement ont été chrétiens. Or, le spiritisme se
donne le titre de chrétien et soutient qu'il n'attaque aucune religion. Il doit donc nous prouver qu'il respecte le christianisme
en nous démontrant que les Esprits, qui leur révèlent TANT

3*

DE BELLES ET BONNES CHOSES, ne sont pas les ennemis de J.-C., du fondateur de cette religion. Eh bien ! pourtant, que voyons-nous TOUJOURS? — Ces Esprits manifester la haine la plus violente contre J.-C., en rejetant avec horreur tout emblème du christianisme, tout objet consacré à ce culte : nous en tirerons les conséquences.

Les faits de cette espèce sont nombreux et certains pour des milliers de témoins : je n'en indiquerai que deux , dont les acteurs me sont connus, et un troisième rapporté par M. de Mirville dans son livre *des Esprits* (1).

Un homme (2) instruit, robuste, dans l'âge mûr, d'un caractère fort et peu disposé à la crédulité, assistait, dans une petite ville voisine de Poitiers, à une séance de table tournante. Celle-ci avait fait plusieurs évolutions, donné maintes réponses, etc., lorsqu'une dame s'avisa de placer sur la table un chapelet auquel était attaché un petit crucifix. La table se releva violemment d'un côté et rejeta au loin le chapelet. Elle continua de rester suspendue, comme pour montrer son indignation. Le témoin dont je parle, doué d'une grande force musculaire, prit le pied de la table et fit les plus violents efforts pour lui faire toucher le parquet; mais ce fut inutilement. Cette résistance sans cause apparente de la part d'un objet inanimé, qui aurait dû être sans volonté active, fit une vive impression sur l'esprit de l'acteur de cette scène , qui n'en parle jamais de sang froid.

Le second fait concerne une jeune personne qui, mariée aujourd'hui, habite Poitiers. Résidant alors à la campagne , non loin de cette ville, elle se plaisait avec quelques autres

(1) Voir *la Vérité sur le spiritisme*, par de Roys, et le livre *Des Esprits*, par de Mirville.

(2) Je suis prêt à donner les noms à qui les demandera, des acteurs des deux premiers faits.

au jeu de *la table tournante.* Au milieu d'une séance elle dit :
« .Voyons, si c'est le diable , je vais bien le faire enrager. »
Ce disant, elle jette sur la table son chapelet *avec croix et
crucifix.* Dans l'instant, elle pousse un cri et tombe sur un
fauteuil presque évanouie. Dès qu'elle put parler, elle raconta
qu'elle avait failli être étouffée par une violente pression aux
flancs. En indiquant la place précise où elle avait ressenti
cette horrible douleur, elle reconnut et fit remarquer aux
personnes présentes que la jupe de sa robe était presque entièrement séparée du corsage.

A Paris, une dame, raconte Mirville, s'était pendant longtemps adonnée à *l'amusement* des tables tournantes. Les réponses des Esprits frappeurs l'avaient beaucoup intéressée. A
la fin pourtant, elle commença à concevoir des inquiétudes,
é'ant presque sans cesse poursuivie par un de ces Esprits,
qui annonçait sa présence partout où elle se trouvait. Aussi
résolut-elle de s'en débarrasser en renonçant pour toujours à
la pratique de cette espèce d'évocation.

Un jour elle plaça près d'elle de l'eau bénite. L'Esprit vint
frapper sous son fauteuil ; la dame avec la main verse de
cette eau sous son siége... mais elle jette un cri et montre à
son mari et à quelques autres personnes qu'elle vient d'être
mordue au doigt. Mirville affirme que le lendemain il a vu les
traces de la morsure. Du reste, il offre de donner le nom de
cette dame.

Que conclure de ces faits et de mille autres semblables, sinon que les Esprits qui se rendent aux évocations des spirites,
ne sont pas des âmes humaines, mais bien des esprits *sui ge-
neris,* des démons, ennemis de Dieu, qui les a condamnés, et
de Jésus Christ, qui est venu sur la terre pour détruire leur
empire? En vain les apôtres du spiritisme nieront-ils l'existence du DIABLE et des autres Esprits infernaux. Des néga-

tiòns, des railleries (1) ne peuvent rien contre les récits
évangéliques (2) et les faits historiques les plus authentiquement constatés.

Mais est-il vrai que le spiritisme n'est pas contraire au
christianisme, *parce qu'il recommande à peu près toute la
morale de ce dernier ?* Par ce stratagème, il ne s'en montre
l'ennemi que plus diabolique et plus dangereux. C'est le loup
sous le masque de l'agneau. Pour aveugler, allécher et *prendre*
des dupes, les démons ne pouvaient prêcher à front découvert,
ni l'immoralité, ni l'orgueil, si généralement détesté, ni la
cruauté, ni l'égoïsme, etc., etc. (1). C'eût été par trop mala-

(1) Alfred Nettement a dit quelque part : « *La raillerie en philosophie,
c'est la vanité de l'ignorance.* » J'ajoute : la raillerie en controverse, c'est la
vanité de l'impuissance.

(2) *Allez au feu éternel qui avait été préparé pour le* DIABLE *et ses
anges...* Ev. S. Matth., ch. 25, v. 4 ; ch. 4, v. 1 et suiv. ; ch. 12, v. 26, 27 et
28; ch. 18, v. 22.—St Luc, ch. 6, v. 2; ch. 11, v. 14, 15, 18, 19, 20.—St Marc,
ch. 16, v. 17. Dans cent autres passages des quatre Évangiles, les démons et
leurs œuvres sont attestés.

L'*Histoire des oracles*, par Fontenelle, fut foudroyée par le Père Baltus, qui
d montra que l'oracle de l'antiquité était une opération du diable. Fontenelle
ne trouva rien à répliquer. Il s'en tira par cette épigramme spirituelle : « Le
diable, dit-il, a gagné sa cause. »

Thomas Brown, protestant, savant médecin anglais, écrivait en 1742 (1) :
« Pour entraîner plus sûrement dans l'erreur, le DÉMON a persuadé aux hom-
» mes qu'il était un être imaginaire, et par là il endort l'homme dans une
» fausse sécurité et lui fait concevoir des doutes *sur les peines et les récom-*
» *penses futures*, etc. »

(3) Les spirites inscrivent sur leur bannière ces mots équivoques : HORS LA
CHARITÉ POINT DE SALUT. Le Sauveur du monde a laissé tomber de sa croix cette
sentence : HORS DE L'ÉGLISE, DONT TOUTE LA LOI N'EST QUE CHARITÉ (2) OU
AMOUR DE DIEU ET DU PROCHAIN, POINT DE SALUT. L'Homme de la croix a

(1) Essai sur les erreurs populaires, etc.
(2) St Math., chap. XXII, v. 37, 38, 39, 40.

droit, c'eût été montrer au moins clairvoyant la griffe et le pied fourchu. Ils ont donc. ces Esprits si fins et si pénétrants, recommandé la morale évangélique , afin d'essayer de se déguiser, sachant très-bien que cette morale n'intéresse le salut des hommes qu'autant que la pratique de ses préceptes a pour principe LA FOI A TOUS LES DOGMES REVÉLES. Or, s'ils peuvent, par leur dissimulation, leurs ruses et leurs prestiges, réussir à faire perdre la foi à un seul de ces dogmes, *tous indispensables au salut*, ils se croient assurés, et ils doivent l'être, qu'ils ont atteint leur but... la damnation de l'homme. C'est pourquoi, si l'on en croit les médiums, ces nouveaux révélateurs nient tous les dogmes chrétiens : *un seul Dieu en trois personnes, la Rédemption , la Rémission des péchés, la Résurrection des morts, les Jugements de Dieu,* LES PEINES ÉTERNELLES, etc., etc. Le spiritisme est donc incontestablement la négation du christianisme, et ses apôtres ont pourtant l'audace d'assurer qu'on peut être spirite et chrétien? .. Non, assurément non.

D'ailleurs, si le spiritisme est faux et damnable, il ne serait pas moins funeste au point de vue moral et social. Il est bon, sans doute, que l'homme croie à l'immortalité de l'âme, MAIS COMME CHRÉTIEN; sinon, *peut-être* serait-il moins préjudiciable à la société qu'elle fût composée d'athées que de l'être

confirmé sa parole par de nombreux prodiges, restons donc dans le sein de l'Église.

Les masses ignorantes, et même beaucoup d'autres, traduisent par aumône le mot CHARITÉ. Au moment où les spirites commencèrent à faire grand bruit de leurs dons aux pauvres, seul moyen assez puissant pour *acquérir* des partisans, j'entendais une femme du peuple dire, avec beaucoup d'énergie et d'animation : « On fait bien de recevoir ce que donnent ceux qui recommandent la CHARITÉ, » puisque les riches ne LA font pas. » Toujours l'*aumône* !.. et toujours le trait décoché contre le riche ! Je crois fort que cette femme n'entendait pas par CHARITÉ l'amour du prochain.

3**

de spirites. Serait-ce là un paradoxe? Je ne le pense pas (1). Le matérialiste, en effet, qui croit n'avoir et qui n'a réellement *qu'une vie à vivre*, ménage en général cette vie et redoute de se la voir enlever, PARCE QU'IL A HORREUR DU NÉANT. Mais le spirite, lui, qui a en perspective des existences d'un nombre illimité, ou sera disposé à quitter volontairement la vie, s'il en est mécontent, pour s'en procurer une plus à sa convenance (2), ou bien il courra à la satisfaction de ses passions désordonnées et mauvaises, de sa haine, de sa vengeance, etc. etc.... dût-il sur sa route rencontrer la mort... N'a-t-il pas, en effet, la ressource de renaitre *pour se purifier, se perfectionner*, etc.?... pourvu qu'il ne se heurte pas encore, dans sa nouvelle carrière, contre une occasion ou un intérêt de se souiller dans le crime... Car i recommencera, s'il raisonne bien : n'a-t-il pas le temps d'arriver à la béatitude? Pour lui, l'essentiel est de vivre, de revivre et de se satisfaire.... IL N'A POINT DE CHATIMENTS ÉTERNELS A REDOUTER !!!... Pour lui, tout est là.

Qu'on juge du désordre social auquel pourrait donner naissance ce système généralisé ! Il n'est donc pas vrai *qu'il vaille mieux croire au spiritisme qu'à rien* (3). O raison ! tu ne seras donc souvent, pour un trop grand nombre, que la faculté de déraisonner !

Si donc quelqu'un avait pu, faute de réflexion suffisante,

---

(1) Le sceptique fameux Bayle a avancé qu'il est moins dangereux de n'avoir point de religion que d'en avoir une mauvaise. Cette proposition est très-évidemment un paradoxe, au point de vue social seulement ; car il ne saurait y avoir nulle différence entre ces deux hypothèses, quant au salut. Ici, nulle religion n'est en cause ; je ne prononce qu'entre deux systèmes, funestes l'un et l'autre.

(2) Ce qui a eu lieu à Tours en février 1865.

(3) Allan Kardec, *Exposé sommaire*, p. 16.

se laisser séduire et égarer par ces écrits mielleux, hypocrites et pernicieux, il ne tardera pas à s'effrayer de son erreur, à la fuir au plus vite et à redevenir chrétien, s'il porte
ses regards et ses méditations sur les miracles qui s'opèrent si
souvent au sein de l'Eglise catholique, car là est le cachet
authentique et victorieux de la vérité. Ces faits providentiels,
en fortifiant les fidèles, sont comme autant de phares placés
au port du salut, afin que leur éclatante lumière puisse y rappeler et y guider les infortunés que le souffle perfide de
l'impiété ou de l'hérésie a entraînés et égarés sur les flots de
l'abîme.

Eh bien! si en résumé, comme nous l'avons vu plus haut,
les philosophes qui ne sont pas athées avouent eux-mêmes
que Dieu peut faire des miracles (1); s'il est certain, en outre,

(1) Nous n'avons plus guère aujourd'hui que des athées hypocrites, qui consen-
tent bien, pour ne pas trop heurter l'opinion générale, à reconnaître un *Être absolu*, autrement un Dieu, mais un Dieu idiot, qui, n'étant pas CONSCIENT, PUIS-
QU'IL N'A PAS DE NERFS (*sic*), n'a aucune volonté, par conséquent nulle
intelligence, nulle action. C'est une nouvelle forme de négation de Dieu. Aussi
ces gens sensés là refusent-ils à Dieu la faculté de faire des miracles, qu'ils disent
impossibles, et lui portent-ils le défi de se permettre DE PAREILLES LICENCES·
Voilà la philosophie des nouveaux Spinosa; voilà la doctrine de M. Renan et
autres cerveaux creux ou malades, dont la dernière conséquence est le maté-
rialisme; car l'âme humaine aussi *n'a pas de nerfs* et ne peut, selon eux,
être intelligente !..

Tel est l'inepte galimatias que le progrès du XIXe siècle appelle *lumière* et
offre à notre admiration !.. Un professeur au collège de France ridiculise
L'ÊTRE ABSOLU OU SUPRÊME QUE FÊTAIT ROBESPIERRE !! Oh! certes, nou
marchons !.. Oui, mais assurément c'est à reculons. Quand on voit publier
des énormités si scandaleuses, on se demande si ce sont bien les aliénés les plus
dangereux qui sont aux petites maisons. Car, si la liberté des cultes a sa raison
d'être; si la controverse entre ces divers cultes est admissible, par la pré-
somption que chaque religion peut se croire vraie, indispensable, ou au moins
utile au salut des hommes, on comprend difficilement, ou plutôt on ne comprend

que la raison de l'homme est suffisante pour reconnaître
qu'un fait est surnaturel ; si, ainsi que je le crois, j'ai invin-

pas que tout venant se permette d'attaquer et de saper tous les cultes, en niant
ou avilissant l'ÊTRE qui en est l'objet, sans avantage possible pour l'humanité,
et, au contraire, à son grand et inévitable détriment.

Dans un pays DE LIBRE EXAMEN, mais non de licencieux athéisme, à Lon-
dres, en 1729, un chrétien protestant. Woolston, était condamné par la Cour
du banc du Roi à une amende de 150 livres sterling et à un an d'emprisonne-
ment pour avoir dit que les miracles de J.-C. n'étaient que des allégories, des
figures. Quelle eût donc été sa peine, s'il eût osé avancer que Dieu n'est pas
CONSCIENT ?

Ce système tend à diviniser, pour ainsi dire, la matière, en n'accordant qu'à
elle la puissance intelligente, souveraine et universelle. Comprendra qui le
pourra cette métaphysique anormale, inexplicable de la part d'une haute intelligence qui ne rougit pas, comme un charlatan empoisonneur, de compter sur
les préventions ou l'ignorance de ses auditeurs, pour audacieusement leur expliquer les facultés de l'ÊTRE ABSOLU, de l'ESPRIT DES ESPRITS, par les lois
de la PHYSIOLOGIE, qui n'ont jamais été et ne peuvent jamais être propres
qu'à faire connaître le jeu des organes qui composent l'être corporel. Ce progrès dans l'art de déraisonner a été condamné avec indignation par les vrais
et loyaux psychologues de toutes les religions. L'homme honnête et sage recon-
naîtra donc plus facilement l'accent de la vérité dans la doctrine des Bâcon,
des Bossuet, des Fénelon, etc.

A Dieu ne plaise pourtant que je propose rien qui puisse, en quoi que ce soit,
porter atteinte à la liberté de conscience. Que chacun soit parfaitement le
maître d'avoir et de pratiquer telle ou telle conviction religieuse, même de
n'en avoir aucune. Mais il me semble que l'intérêt social, qui doit commander
à tout, défend à l'athée la manifestation de ses rêveries matérialistes, dont
l'effet inévitable serait, comme on l'a souvent dit, d'enlever au crime son seul
frein, à la vertu son mobile, au malheur son espérance et sa consolation.

L'athéisme est donc un incontestable fléau moral et social. Aussi le voyons-
nous sévèrement puni ou proscrit chez les peuples les plus civilisés de l'antiquité, aux beaux siècles de Périclès et d'Auguste, en ces jours aussi célèbres
par leur profonde dépravation de mœurs que par leur suprème éclat intellectuel
et artistique.

Les Athéniens, en effet, si légers pourtant et si dissolus, condamnaient Socrate
à boire la ciguë pour avoir DOUTÉ des dieux... et quels dieux !... Et Eschyle,

ciblement démontré que la guérison *instantanée et durable* de Justine Butel est *contraire aux lois connues et constantes de la nature*, et constitue, par conséquent, le miracle le plus évident, le plus authentique, et, par là, le plus propre à fixer les incertitudes de ceux qui en sont témoins, pourquoi persévérerait-on dans une dénégation illogiquement systématique? Ne serait-ce pas une imprudence... une folie ?

Réfléchissez donc, incrédules et hérétiques de toutes sortes, réfléchissez mûrement sur la détermination qu'il vous importe de prendre touchant vos intérêts éternels ; et, en même

d ont les œuvres dramatiques faisaient les délices de ses concitoyens, Eschyle , pour avoir parlé de ces mêmes dieux avec peu de révérence, était traîné au supplice et eût été lapidé, si son frère n'eût eu le bonheur d'obtenir sa grâce.

Charondas, environ 444 ans avant Jésus-Christ, écrivait dans les lois qu'il donnait aux Sybarites de Thurium : « *que le mépris des dieux soit mis au nombre des crimes les plus énormes.* »

Chez les Romains, nous voyons Mécène dire à Auguste (1) : Honorez soigneusement les dieux... *et forcez les autres de les honorer*... (QUI LES MÉPRISE NE RESPECTE RIEN)... Ne *souffrez point* LES ATHÉES, *ni les magiciens, etc.* De nos jours nous ne leur demanderions que de se taire.

Napoléon Ier, qui certes n'était pas un bigot, écrivait de Schœnbrunn, en 1805, à M. de Champagny, ce qui suit, relativement aux ouvrages que publiait alors l'astronome Lalande, athée, comme chacun sait. Après avoir démontré que l'athéisme *est un principe destructeur de toute organisation sociale*, Napoléon ajoute : « Appelez auprès de vous les présidents et secrétaires de l'Institut, » et chargez-les de faire connaître à ce corps illustre, dont je m'honore de » faire partie, qu'il ENJOIGNE à M. de Lalande DE NE PLUS RIEN IMPRI- » MER..... Et si ces invitations fraternelles étaient insuffisantes, *je serais* » *obligé de me rappeler que mon premier devoir est d'empêcher qu'on* » EMPOISONNE *la morale de mon peuple; car l'athéisme est destructeur de* » *toute morale, du moins dans les nations.* »

Il est donc raisonnable, sage et prudent de réduire l'athéisme au silence, de même qu'on est bien légitimement fondé à en exprimer le désir.

(1) Dion Cassius, lib. 42.

4

temps, n'imposez plus silence à votre jugement calme et impartial... Cédez, cédez à ses lumières en reconnaissant, après tout, la nécessité de vous soumettre aux lois de l'Eglise catholique, comme à la SEULE qui soit en possession des trésors du salut, puisque SEULE elle jouit des faveurs VÉRITABLEMENT manifestes et éclatantes de Dieu... du privilége des miracles! Car alors JÉSUS est Dieu, et non pas SEULEMENT un sage, comme le veut M. Renan...; et alors le christianisme catholique n'est plus SEULEMENT un admirable système philosophique... mais il est LA VRAIE ET LA SEULE VRAIE RELIGION. Tel est l'arrêt en dernier ressort de la logique inexorable.

Enfin, permettez-moi, en terminant, de livrer aux méditations de votre raison, épurée au creuset de votre conscience, cette pensée si ancienne, si vraie et si souvent mise à l'écart par la plupart des hommes, confirmée pourtant par l'expérience de chaque jour, et si énergiquement exprimée par un écrivain spirituel (1) : « Le temps vole... la nuit s'avance... le rêve va finir! » Ah! oui... le rêve va finir!!! Pour vous, comme pour nous tous, quel sera le réveil? Cette question, avouez-le, vaut bien la peine qu'on l'examine de près, avec un soin scrupuleux, ainsi que la voie et les moyens par lesquels nous pouvons espérer le plus de sécurité pour cet avenir CERTAIN, bien que noyé dans une obscurité pleine de mystères.

Vide et crede, a-t-on dit encore, mais dans un sens naturel. Dans un autre sens, je dis aussi, moi : Oui, voyez.. mais voyez bien!... Voyez avec les yeux de la sincérité, de l'indépendance et de la bonne foi, après avoir déchiré le bandeau des préjugés et du respect humain, après avoir brisé le

(1) Gresset.

prisme éblouissant, vertigineux et funeste des passions mauvaises... et alors vous croirez... Oui, vous croirez!... et alors,
je n'en doute pas, pénétrés envers Dieu d'une reconnaissance
profonde, admiratrice et respectueuse, vous vous écrierez avec
le psalmiste : « Testimonia tua credibilia facta sunt nimis : »
oui, mon Dieu, vous vous êtes fait connaître par des témoi-
gnages irrécusables...; et avec moi, dans une autre circon-
stance (1) :

> O, pour des cœurs chrétiens, fortifiants spectacles!...
> Il est donc de nos jours encore des miracles!...
> Ton amour, ô Seigneur, qui fit tant pour prouver
> La mission du Christ et ses divins oracles.
> Par des signes nouveaux nous force à nous sauver !...
> Quel excès de bonté!... Quel excès de misère
> A qui verra ton jour, en niant sa lumière...
> Parce qu'il tient les yeux fermés à son éclat !...

. . . .

. . . .

. . . .

(1) Miracle de Migné, le 17 décembre 1826 : *Apparition d'une croix, longue
d'environ 100 à 120 pieds, dans la région moyenne des airs, sur un ciel étoilé,
pur du moindre nuage, une heure après le coucher du soleil... par conséquent,
contrairement à toutes les lois de la physique, qui ne reconnaît la possibilité
d'une réflexion que sur un corps opaque, frappé des rayons lumineux, sur
lequel se dessine l'image d'un objet quelconque. Il n'y avait pas de nuage, il
n'y avait pas de lumière. Il n'y avait donc pas de cause naturelle possible de
cette apparition.* (Voir l'enquête faite alors par Mgr de Bouillé, évêque de Poitiers.)

Poitiers. — Imprimerie de A. Dupré.

www.ingramcontent.com/pod-product-compliance
Lightning Source LLC
LaVergne TN
LVHW022030080426
835513LV00009B/966